AF229039

CRITIQUE

DE LA BROCHURE INTITULÉE :

« LA POLITIQUE DU MARÉCHAL »

PAR L'AUTEUR

de

Pourquoi il faut être Républicain

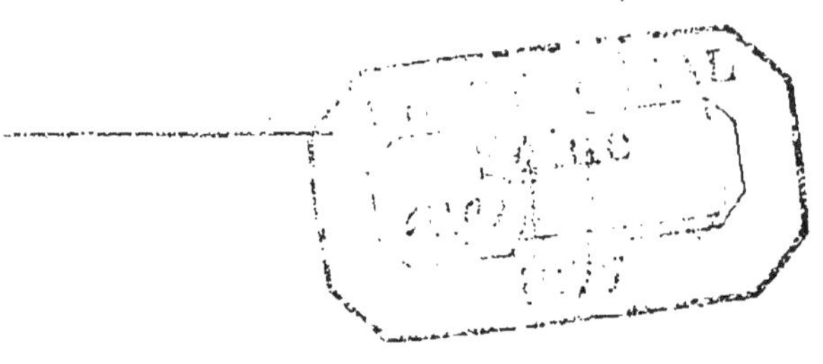

PARIS

DEGORCE-CADOT (BIBLIOTHÈQUE LIBÉRALE), ÉDITEUR,

70 *bis*, rue Bonaparte.

CRITIQUE

DE LA BROCHURE

« LA POLITIQUE DU MARÉCHAL »

Tout d'abord, *est-il vrai que* LA POLITIQUE DU MARÉCHAL *soit l'œuvre d'un ex-ministre de l'Empire, principalement connu par les nombreux mois de prison conquis en police correctionnelle pour cause de tripotages financiers?*

Tout le monde l'affirme, même quelques organes officieux, et jamais le fait n'a été démenti. Personnellement nous l'ignorons. Du reste, il importe peu ; il s'agit d'établir le ridicule et l'absurde de la Brochure, et non l'honnêteté de son auteur.

Est-il exact que ce libelle, au titre si prétentieux, ainsi que d'autres du même acabit sont imprimés à dix millions d'exemplaires?

Cela, on peut l'affirmer sans crainte d'être démenti. — Les imprimeurs de la chose ne le cachent pas ; ils cherchent partout l'aide de confrères, afin de pouvoir livrer ces dix millions d'exemplaires à jour fixe ; à quel prix et payés par qui? Ce que nous ne saurons probablement jamais, ni vous, ami électeur.

C'est précisément à cause de ce nombre considérable de brochures qu'attendent les bandes en triple exemplaire, préparées si laborieusement dans les préfectures, et aussi à cause de leur titre, que nous estimons indispensable de nous occuper de ces douze pages imprimées, dont, à part cela, la banalité ne laisse rien à désirer.

Mais enfin qui est l'instigateur ou plutôt l'inspirateur de LA POLITIQUE DU MARÉCHAL ?

Son titre, le portrait du Président de la République dont on a agrémenté la première page, son tirage extraordinaire, son expédition et sa propagation libres partout, sembleraient laisser croire — et probablement tel est le but des véritables inspirateurs de la brochure — que tout cela est du consentement et avec l'adhésion du premier magistrat de la République, ou tout au moins de son gouvernement. Mais en conscience et en toute loyauté, nous ne le croyons pas, et voici pourquoi :

Cette brochure, au titre pourtant si respectable, ne peut être que nuisible au gouvernement du 16 mai, surtout à son chef, au grand profit des bonapartistes dont le but évident est de rester seuls en compétition avec la République.

L'auteur présumé du factum est un bonapartiste.

Ces gens-là, passés maîtres en fait d'habileté et d'escobarderie de ce genre, ont visé à faire coup double : Déconsidérer la République ainsi que son deuxième Président ; et cela, — un vrai chef-d'œuvre — en ayant l'air de combattre pour ce dernier.

Ceci exposé, venons à l'examen détaillé de la Politique du Maréchal.

Passons rapidement les quatre premières pages, simples bavardages sur les perfections physiques, morales, guerrières et ntellectuelles du maréchal de Mac-Mahon ; choses que personne n'a jamais songé à discuter ni contredire.

« C'est un brave à militaire ; personnellement, il est grand partisan de la paix ; il désire que la France soit heureuse et prospère. »

Qui donc en France n'en pense et n'en dit pas autant ?

Enfin, pour établir que le Maréchal n'est pas clérical, on cite quelques phrases d'une proclamation — comme représentant du pouvoir — sans date, mais probablement alors qu'il était gouverneur général de l'Algérie, adressée aux chefs arabes et relative à la liberté de conscience pour les musulmans de l'Algérie. La preuve est maigre.

Franchement, dans tout cela, et à aucun point de vue, il n'y a rien méritant critique ou approbation.

Les 5e, 6e et 7e pages sont encore consacrées à la personnalité du Maréchal.

Bien que le sieur X... nous en donne l'exemple, nous apprécions inutile de nous répéter.

Il y interpelle aussi l'ancienne majorité pour l'insulter, naturellement, sans cependant trouver d'autres lieux communs que ceux dont les personnages officiels, leurs premiers éditeurs n'osent même plus se servir, tels que l'accuser :

« 1° D'avoir seulement fait beaucoup de bruit pour rien. »

Si quelque bruit a été fait dans la Chambre dissoute, on sait par qui.

Personne n'ignore que Paul de Cassagnac, Tristan-Lambert, Cuneo d'Ornano, Mittchell, Haentgens, etc., etc., etc., étaient très-malheureux les soirs où ils en étaient réduits à avouer qu'ils avaient perdu leur journée, puisqu'ils n'avaient pas fait du « boucan » à la Chambre.

Quant à prétendre que « la Chambre n'a rien fait », cela est bientôt dit ; mais fort heureusement tout le monde a encore présents à la mémoire les longs et consciencieux travaux de la commission des finances, des commissions militaires, des chemins de fer, l'amélioration réalisée du sort des prêtres et desservants de la campagne, des instituteurs, des simples officiers, etc., etc., etc.

Est-ce la faute de l'ancienne majorité si « le coup de vigueur » du 16 mai, de même qu'il a paralysé les transactions commerciales et les labeurs de toute nature, a suspendu brusquement et réduit à néant tous les travaux de la Chambre si péniblement et si consciencieusement élaborés ?

« 2º Elle (la majorité) a insulté et provoqué la minorité. »

Sérieusement, il ne devrait pas être permis de se moquer aussi crûment du public, en osant écrire que la majorité a insulté et provoqué la minorité, alors que les exploits journaliers des très-honorables ex-députés ci-dessus nommés sont présents à la mémoire de tous, alors surtout que l'un d'eux, M. Paul de Cassagnac, a été condamné à deux mois de prison pour insultes à la Chambre.

Toutefois de semblables hâbleries ne sont pas inutiles ; elles prouvent mieux que pas un autre argument la mauvaise foi de leurs auteurs.

Nous voici à M. Gambetta, l'objectif convoité, « dada » favori, et aussi le cauchemar du très-consciencieux auteur de la « Politique du Maréchal ».

Constatons, toutefois, que, malgré tout son désir d'égratigner et de mordre, le sieur X... n'a pu que réimprimer les plates et niaises banalités que les journalistes bonapartistes et légitimistes se repassent, chaque semaine, depuis six ans et plus.

« Le chef de la majorité, c'est M. Gambetta. »

Tous les gens au courant des affaires du pays avaient cru que, jusqu'à la mort de M. Thiers, le chef incontesté de la majorité républicaine était cet éminent citoyen : les journaux réactionnaires et amis des ministres du 16 mai, l'ont assez insulté et vilipendé à cause de cela.

Les mêmes personnages commencent à exercer leur joli petit talent sur la personnalité de M. Jules Grévy, ce qui permet de supposer qu'ils soupçonnent que la succession de cette haute autorité politique est échue à l'ancien président de la Chambre dissoute.

Le fait est constant et incontestable : La Direction politique du parti patriotique français est dévolue à M. Jules Grévy.

M. Gambetta, en maintes circonstances, n'a pas manqué de décliner le grand honneur dont ennemis et envieux tenaient absolument à l'affubler. M. Gambetta, pour mettre à néant ces insinuations systématiques, a précisément invoqué les noms respectés de MM. Thiers et Grévy que la France entière a acclamés avec lui, pour chefs reconnus et respectés de la Démocratie française.

Mais c'est égal, de par l'autorité grande du scribe bonapartiste, c'est M. Gambetta qui est le chef du parti républicain.

A Dieu ne plaise que nous croyons nécessaire de prendre ici la défense de M. Gambetta, envers et contre l'auteur masqué de la Politique du Maréchal; ce n'est véritablement pas la peine!

D'abord le défendre, de quoi? de banalités, de racontars, d'injures grossières qui ne peuvent même pas aboutir à l'impertinence? ramassis de phrases creuses et de mots malpropres, alors qu'on ne peut même parvenir à préciser un fait, une seule action répréhensible dans une existence privée et politique déjà longue?

Ah! si : « Il a voulu la guerre à outrance; » c'est-à-dire jusqu'à l'épuisement, jusqu'au bout de nos ressources et de nos forces.

Et, c'est l'apologiste prétendu d'un maréchal de France qui ose faire crime à un simple citoyen d'avoir essayé de galvaniser ce que dix-huit années d'Empire pouvaient nous avoir laissé d'énergie et de patriotisme !

D'avoir essayé de reconstituer des cohortes de combattants, après nos armées vaincues, faute de chefs capables et prévoyants ; après nos soldats trahis ; après nos places fortes livrées à l'ennemi, ainsi que nos armements, par Napoléon III et par Bazaine !

Mais alors, accusez, insultez Chanzy, Bourbaki, d'Aurelles de Paladine, Faidherbe, Denfert, et tant d'autres soldats ou simples citoyens héroïques !

Essayez même, si bon vous semble, de salir les républicains de vos éclaboussures ; mais par Dieu ! respectez au moins un maréchal de France, et surtout pour une aussi vilaine besogne ne vous parez pas de ses couleurs !

Ecoutez ce qu'a dit un grand citoyen, qui était aussi un grand général : « *Une nation peut tomber et même sombrer dans son propre sang ; tôt ou tard elle se relèvera. Quand elle tombe dans la boue elle est bien morte.* »

Il nous est profondément douloureux d'être obligé de recourir aux témoignages de nos plus cruels ennemis ; mais force nous est de rappeler les paroles textuelles du feld-maréchal de Moltke, qu'on ne saurait présumer être un admirateur politique de Gambetta : « **Chanzy et Gambetta** » ont sauvé l'honneur de la France !

Enfin, et ce sera notre dernier mot à propos de M. Gambetta, dont nous ne partageons pas cependant toutes les idées, surtout sur les questions religieuses ; celui dont la popularité n'a fait que croître depuis sept années ; le personnage qui a su conquérir graduellement, jour par jour, la haute estime de tout ce qui a un nom politique de quelque valeur en Europe, peut se passer des compliments, et subir, sans trop de dommage, les insultes des honnêtes gens aux gages de l'ordre moral.

Ceci dit, revenons à l'opuscule de l'honnête et véridique M. X... Nous voici à son « COMPARONS UN PEU », imprimé en majuscules de première grandeur.

Ce n'est cependant que prétexte à un troisième cantique, de sa façon, inspiré par les mérites civils, politiques et religieux du Maréchal, et à la continuation de l'éreintement de M. Gambetta. Ereintement assez anodin du reste, puisqu'il est accusé seulement :

1° D'être l'ami des insulteurs de l'empereur de Russie.

Les 99/100ᵉˢ des lecteurs de la Politique du Maréchal ne comprendront rien à cette accusation où figure l'empereur de Russie (entre nous, c'est bien sur cette ignorance que l'on a compté) ; mais il est amusant d'expliquer la chose : Il y a un peu plus de vingt années, lors d'une visite au Palais de Justice, à Paris, du grand-duc Constantin (qui n'est point empereur de Russie), un, alors jeune, avocat, Mᵉ Flocquet, qui depuis a été président du Conseil municipal de Paris et député de la Seine, a eu l'idée opportune ou non de crier : **Vive la Pologne!**

Y avait-il une insulte à l'adresse de l'empereur de Russie? Le fait serait contestable. Qui, en France, à vingt ans, n'a pas un peu crié : Vive la Pologne! M. Flocquet est-il l'ami de son ex-collègue à la Chambre, M. Gambetta? Le sieur X... l'ignore comme nous ; mais c'est égal, dans sa pensée, cette phrase ronflante **ami des insulteurs** etc., etc., fera bien vis-à-vis des électeurs ignorants, et v'lan ! la voilà servie.

Devant tant de savoir-faire il n'y a qu'à s'incliner et à continuer notre travail d'éplucheur.

2° « **Sa position sociale (de Gambetta) ne lui permet d'inspirer aucune confiance aux monarques qui gouvernent les autres peuples (textuel).** »

3° « **Gambetta est le chef de la Révolution.** » — Tiens, tiens, mais il n'est donc plus le chef des républicains ?

4° Enfin, comme il est avocat, on essaye de finir par cette boutade :

« Les avocats gardons-les pour plaider nos procès quand nous avons le malheur d'en avoir. »

Certes, il n'est point indispensable qu'un Président de la République ait porté toque et rabat ; toutefois, il faut en convenir, celui qui ne pourrait que balbutier en rougissant, quand les circonstances l'obligeraient à improviser quelques phrases, serait un piteux chef d'Etat.

Jusqu'alors l'auteur de la politique du Maréchal, de même que tous les pîtres de tréteaux avisés, chargés d'amuser le public en attendant le spectacle sérieux, n'a guère offert à ses lecteurs que calembredaines et raisonnements enfantins. Nous voici enfin aux deux arguments de la fin, sans doute les sérieux, les invincibles, ceux devant décider les consciences et enlever les votes du 14 octobre.

L'un est révoltant à force de cynisme, l'autre n'est que grotesque.

Commençons par le grotesque.

« Ce qui arrivera si la Chambre est conservatrice, » c'està-dire si la majorité est mi-partie bonapartiste, mi-partie légitimiste, mi-partie orléaniste et mi-partie mac-mahonienne? Ce qui arrivera, le Sr X... le dit avec une candeur apparente, tout à fait réjouissante ; citons textuellement :

« Il arrivera que nous aurons trois ans de tranquillité, pendant lesquels les pouvoirs, étant d'accord, feront les affaires du pays au lieu de se quereller. »

Vous avez bien lu, ami électeur : pendant trois ans, jusqu'en 1880, bonapartistes, légitimistes, orléanistes, mac-mahoniens seront tous excellents frères Siamois, unis en une seule étreinte d'affection, à la barbe, bien entendu, des républicains qui les admireront tranquillement. Nul d'entre eux ne songera à assurer le pouvoir à son parti. Non ! non ! mille fois non ! L'officieux bonapartiste vous l'affirme, et ces messieurs ne mentent jamais.

Il faut, en vérité, que ces gens-là supposent les électeurs aussi niais qu'ils sont impudents pour ne pas comprendre que le bon sens, même du plus illettré des campagnards, fera justice de cette affirmation contre nature.

Quant à l'électeur tant soit peu au courant des choses publiques, il ne sera pas en peine d'affirmer et de prouver à ses amis et à ses voisins cette vérité incontestable :

Les trois ou quatre partis hostiles à la République se disputent, s'injurient, se vilipendent déjà entre eux au sujet de l'attache officielle que tous demandent pour leurs candidats.

Si, pour le malheur de la France, ils arrivaient en force à la Chambre, comme les mac-mahoniens seront les moins nombreux, ils seront immédiatement jetés par dessus bord.

Comme les bonapartistes seront les plus nombreux, les plus violents et les plus audacieux, et comme aussi ils ont faim et soif de places et d'argent, sans attendre trois ans, ils voudront immédiatement le pouvoir.

Si on ne leur obéit pas, le « bataillon bien commandé » de Paul de Cassagnac se mettra de la partie, et alors nous voilà en guerre civile.

Pendant les disputes et les batteries, le commerce ne fera rien, les affaires n'iront pas, et récoltes et bestiaux seront à vil prix.

Bienheureux nous serons, si des voisins envieux et ennemis ne profitent pas de nos dissensions intérieures pour recommencer 1870 !

Ami électeur, la vérité vous a été dite par votre voisin, ou par le bonapartiste. Forcément l'un ou l'autre a seul raison. Réfléchissez, appréciez et votez en conséquence.

« Ce qui arrivera si les élections sont hostiles, » c’est-à-dire, selon l’auteur de La politique du Maréchal, si des candidats républicains sont élus.

Ce qui arrivera, toujours selon lui, le voici :

« Les pouvoirs publics, c’est-à-dire le Sénat, le président de la République et la Chambre, passeront leur temps à se disputer entre eux.

« Le Maréchal, quoi qu’il arrive, ne se séparera pas de ses amis, c’est-à-dire de ses ministres.

« Le Sénat soutiendra le Maréchal quoi qu’il fasse, le pays sera en révolution, la Commune reviendra, M. Gambetta refera la guerre à outrance, etc., etc. »

Peut-être, en traitant à l’avance ces arguments si révoltants, avons-nous été un peu sévères. « Cyniques » était suffisant, et on ajoute insultants pour le maréchal de Mac-Mahon, puisque, en termes formels, on le prétend résolu à résister à la volonté nationale, même la plus légalement et la plus universellement manifestée.

C’est affaire à l’auteur masqué de la brochure; mais nous qui avons toujours considéré le maréchal de Mac-Mahon comme un parfait honnête homme, et qui espérons continuer à le considérer toujours ainsi, nous croyons devoir, au tableau fantaisiste et bonapartiste, substituer celui-ci :

A tort ou à raison, mais certainement de bonne foi, le Maréchal a cru et dit, le 16 mai, que la majorité de la Chambre ne représentant plus l’opinion du pays, il était amené à proposer au Sénat la dissolution de la Chambre. Le Sénat, fort embarrassé, a fini par consentir à cette dissolution.

Le gouvernement du Maréchal a placé à la tête de toutes les administrations, des municipalités, des parquets, des gens partageant ses vues et ses opinions, avec ordre de diriger les électeurs: le gouvernement choisit, affirme et impose ses candidats.

Eh bien, si malgré tout le savoir-faire et l’énergie des agents du gouvernement du 16 mai, leurs candidats sont laissés de côté, si le pays nomme des républicains, il sera dès lors bien évident et tout à fait convaincant que la majorité des Français est républicaine, qu’elle entend conserver la forme gouvernementale républicaine, et qu’elle désire être administrée par des républicains.

Ce résultat des élections obtenu, et il le sera, tout le monde peut être parfaitement édifié et tranquille sur le compte du Maréchal.

En son âme et conscience, il appréciera s'il doit et peut continuer ses services à la France dans la voie qu'elle aura souverainement et respectueusement tracée.

Quelle sera sa décision ? Nul ne le sait, pas même lui, très-probablement. Cette décision, en toute logique, dépendra des circonstances et des votes émis ; mais bien que sans qualité aucune pour nous faire l'apologiste du maréchal de Mac-Mahon, nous affirmons qu'elle sera digne de la France et digne de lui.

Jamais le vainqueur de Magenta, pas plus que le glorieux vaincu de Reischoffen, par son hostilité aux volontés de la patrie, ne l'exposera aux horreurs de la guerre civile, ni aux éventualités d'une guerre étrangère !

Et, prévision impossible, ses conseillers néfastes et à jamais maudits l'exciteraient-ils à la résistance, le Maréchal aurait un seul droit : Proposer au Sénat une nouvelle dissolution de la Chambre nommée ; dissolution qui serait très-probablement refusée. Mais le Sénat l'autoriserait-il, la Chambre républicaine serait certainement réélue avec une plus grande majorité encore, et alors... une parole autorisée l'a dit : « La France finira toujours par avoir raison ». Mais, nous le répétons, jamais le Maréchal ne condamnera la France à une nouvelle ruine de six mois, pas plus qu'il ne voudra l'exposer à la guerre civile.

Concitoyens électeurs, vous ne tomberez donc pas dans les piéges tendus à votre bonne foi par les meneurs bonapartistes et autres réactionnaires dans la brochure « La politique du Maréchal ».

Réfléchissez mûrement, inspirez-vous de votre conscience et de votre bon sens, et alors, nous en sommes convaincu, vous voterez pour les **363** ; vous voterez pour les candidats républicains que recommandait l'à jamais regretté M. Thiers, pour ceux qui acceptent M. Jules Grévy comme directeur et chef du parti démocratique ; pour ceux enfin qui, quel que soit le citoyen président de la République, seront ses plus sincères amis et les plus énergiques soutiens, puisqu'il sera le chef légitime de leur gouvernement.

Surtout, votons tous ! entendez-vous bien.

Surtout, pas d'abstention !

Votons ! votons pour des candidats sincèrement républicains·

L'auteur de : **Pourquoi il faut être républicain.**

Paris, 19 septembre 1877.

P.-S. Le message du Maréchal Président de la République vient de paraître.

Notre stupéfaction est profonde. En critiquant La Politique du Maréchal, œuvre, pensions-nous, d'un folliculaire anonyme, nous avons répondu au « Message Présidentiel ».

Qu'importe, Électeurs !

Qu'on le sache bien, la France n'est pas un peloton obéissant à un caporal. Elle n'accepte de personne aucune injonction.

Qu'une étincelle de légitime indignation illumine et rehausse tous les cœurs !

LA FRANCE FINIRA PAR AVOIR RAISON.

Que la France fasse son devoir, Dieu se chargera du reste.

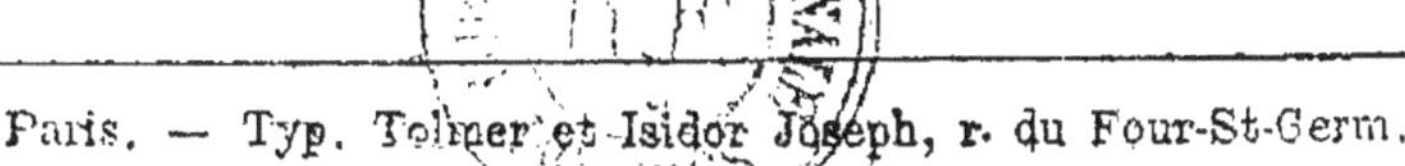